Le plus petit des éléphants au monde

Alvin Tresselt
Illustré par Milton Glaser

Traduit par Nadja Belhadj

57 rue Gaston Tessier – 75019 Paris.
ISBN : 978-2-37801-158-1
Dépôt légal : mai 2019 – Tirage n° 1
Loi 49-956 du 16 juillet 1949 sur les publications destinées à la jeunesse

Photogravure : Apex Graphic
Fabrication : Ex Fabrica
Achevé d'imprimer sur les presses de D'Auria Printing, Ascoli Piceno, en avril 2019

The Smallest Elephant in the World
First Reprint Edition published in 2019 by Enchanted Lion Books,
67 West Street, studio 317A, Brooklyn, New York 11222

À tous les amoureux des petits éléphants

Loin, au fin fond de la jungle indienne, vivait le plus petit des éléphants au monde.

Il pouvait battre des oreilles, comme n'importe quel autre éléphant.

Il pouvait balancer sa trompe, comme n'importe quel autre éléphant.

Et il pouvait faire de la trompette avec sa trompe, comme n'importe quel autre éléphant.

Pourtant, les autres éléphants le rejetaient.

Les tigres se moquaient de lui lorsqu'ils le voyaient se perdre dans les herbes hautes.

Les oiseaux au plumage coloré riaient sous cape lorsqu'ils le voyaient trébucher sur une brindille.

Personne ne voulait lui faire de place autour du point d'eau pour s'abreuver.

Voyez-vous, le plus petit des éléphants au monde n'était pas plus gros qu'un chat de maison, ce qui, pour un éléphant, est tout de même assez triste.

Notre petit éléphant se dit alors : « Très bien, puisque je ne suis pas plus gros qu'un chat de maison, ce qu'il me faut, c'est une maison, une vraie. Ma place n'est pas dans cette jungle sauvage et féroce. »

C’est ainsi qu’il partit, tombant et trébuchant à travers les herbes hautes, jusqu’à parvenir dans un port où de gigantesques bateaux étaient amarrés.

Comme il n’était pas plus gros qu’un chat, personne ne le remarqua lorsqu’il se glissa à bord d’un des navires.

Notre petit éléphant traversa les océans dans la cale du navire, installé entre les caisses de marchandises, rêvant à la véritable maison qui, bientôt, l'accueillerait.

Enfin, alors que notre éléphant dormait sur une caisse de curry en poudre, le gigantesque bateau s'arrêta.

Le plus petit des éléphants au monde fut alors soulevé dans les airs, hissé hors de la cale, puis déposé sur le quai parmi les autres caisses.

« À présent », se dit le plus petit des éléphants au monde tandis qu'il gambadait entre les jambes des dockers, « je dois me trouver une nouvelle maison ».

Dans la rue, les gens se bousculaient, si occupés à courir qu'ils ne remarquaient pas la présence de cet éléphant de la taille d'un chat de maison. Ce qui, entre nous, est tout de même assez triste.

Il faut dire que ce n'est pas tous les jours que l'on assiste à pareil spectacle !

Mais voilà qu'un petit garçon, très occupé lui aussi, vint à passer dans la rue. Concentré sur les fissures du trottoir qu'il essayait d'éviter, il remarqua immédiatement le plus petit des éléphants au monde.

« Oh ! J'en ai toujours rêvé ! Un éléphant de la taille d'un chat ! », s'écria le petit garçon qui se prénommait Arnold.

« Merveilleux ! Moi, je rêve d'une maison ! », s'exclama en retour notre éléphant.

En moins de temps qu'il ne faut pour le dire, Arnold rentra chez lui avec l'éléphant.

Mais la mère d'Arnold n'était pas du même avis que son fils.

« Que vont penser les gens ! Un éléphant n'est pas un animal domestique ! s'écria-elle. C'est absolument hors de question ! »

« Ne t'inquiète pas, petit éléphant », assura Arnold, tandis qu'il conduisait son nouvel ami dans la cave. « Tu vas simplement faire ce que je te dis et tout ira très bien. »

Arnold entraîna le plus petit des éléphants au monde à marcher à reculons. Ensuite, il lui montra comment cacher ses oreilles.

Puis il lui apprit à remuer sa trompe comme une queue.

Enfin, il peignit un beau visage de chat sur le derrière de l'éléphant.

« Eh bien », dit la mère d'Arnold en voyant son chat. « Nous n'avons pas besoin d'un animal domestique, mais un chat, c'est tout de même mieux qu'un éléphant. » Puis elle posa une soucoupe de lait sur le sol avant d'ajouter : « Espérons que c'est un bon chasseur. »

Et c'est ainsi que les ennuis ont commencé.

Chat

Cette nuit-là, alors que tout le monde dormait, une souris sortit de derrière les boiseries pour se trouver de quoi dîner.

Toujours dans le but de se faire passer pour un chat, le petit éléphant dormait retourné, sur la caisse de pommes de terre.

La souris, qui savait reconnaître un chat quand elle en voyait un, ne fut pas dupe un seul instant.

« Quelle est cette étrange créature endormie ? », se demanda la souris. Et elle avança vers la cagette pour y voir de plus près.

C'est à ce moment précis que notre éléphant se réveilla. Quand bien même il s'agissait du plus petit éléphant au monde, il savait reconnaître une souris quand il en voyait une.

Et il en avait aussi peur que le plus grand des éléphants au monde !

Vous imaginez bien qu'il réveilla toute la maisonnée avec ses bruits de trompette, et la mère d'Arnold comprit qu'elle avait été trompée.

« Un éléphant à la maison, c’est hors de question », répéta-t-elle. « Sa place est dans un cirque. »

Le lendemain, pendant qu’Arnold effaçait sa belle tête de chat du derrière de l’éléphant, sa mère appela les cirques alentour.

Elle finit par en trouver un qu’un éléphant de la taille d’un chat de maison intéressait.

« Merveilleux, merveilleux ! », s’écria Monsieur Loyal.

KIL8
Le plus petit des hommes au monde
ZAZO
Le phoque

« J’ai justement le numéro parfait pour lui. »

Et il présenta notre éléphant à Hilo, le plus petit des hommes au monde.

Maintenant, chaque fois qu'Arnold a envie de voir son petit éléphant, il se rend au cirque avec le laissez-passer à durée illimitée que lui a offert Monsieur Loyal.

Dans le spectacle, on peut voir Hilo soulever et tenir sur sa tête le plus petit des éléphants au monde.

Sur l'affiche, il est écrit :

Notre
petit
éléphant
est
très heureux.
Les animaux
du cirque
ne se moquent jamais
de lui
comme
le faisaient
les animaux
de la jungle.
En réalité,
ils sont
même
secrètement
très fiers
de lui.

Mais, plus formidable encore, notre éléphant a trouvé une maison !

Il vit avec Hilo dans une petite roulotte.

« Finalement, c'est une bonne chose que je ne sois pas plus gros qu'un chat de maison », se dit le plus petit des éléphants au monde.

« Autrement, je n'aurais jamais pu vivre dans la maison de mes rêves. »

Fin